AF609548

Arsène GUÉRIN

A PROPOS

DE LA

France Juive

PARIS

LIBRAIRIE CATHOLIQUE INTERNATIONALE DE L'ŒUVRE DE SAINT-PAUL

6, rue Cassette, et rue de Mézières, 14

—

1886

A PROPOS

DE LA

France Juive

Arsène GUÉRIN

A PROPOS

DE LA

France Juive

PARIS

LIBRAIRIE CATHOLIQUE INTERNATIONALE DE L'ŒUVRE DE SAINT-PAUL

6, rue Cassette, et rue de Mézières, 14

1886

A PROPOS

DE LA

France Juive

La *France juive*, de M. Edouard Drumont, vient d'éclater comme un coup de foudre.

Elle a violemment saisi l'attention publique des questions les plus intéressantes. Il importe donc d'examiner ce qu'il faut y voir, en penser, en conclure.

On avait tout d'abord menacé ce livre de la conspiration du silence ; mais cette brave et franche tactique a échoué. Le silence a été impossible.

Comme il fallait pourtant combattre, à tout prix, le retentissement de la *France juive*, on n'a rien trouvé de mieux que de la marquer d'une étiquette qui déplût et fît peur au grand nombre, en la donnant comme une œuvre d'intolérance, de fanatisme religieux..... et rien que cela! C'est à cette unique insinuation que se réduisent, en somme, toutes les réponses qu'ont essayé de faire à M. E. Drumont ceux qu'il a si cruellement fustigés.

La manœuvre est habile, il faut la démasquer !

Non pas, certes, qu'elle ait fait sérieusement obstacle à l'œuvre redoutée ; mais parce qu'il ne faut pas laisser prendre le change à l'opinion sur un livre comme la *France juive*, qui contient des vérités bien graves, qui n'est attaqué même que pour ses criantes vérités, et qui, justement pour cela, mérite qu'on ne le laisse pas sous le coup de mensongères accusations.

Nous serons naturellement amené, au cours de la discussion, à donner une analyse complète de la *France juive*. — Mais cette analyse nous apportera sur nos maux, tant religieux que patriotiques, des révélations si graves, que nous devrons nous assurer de leur certitude. — La vigueur, la violence des coups terribles que vient de frapper M. E. Drumont nous donneront l'occasion d'affirmer le droit des Catholiques à se défendre. — Une dernière question relative à la noblesse française nous arrêtera encore ; — et nous n'aurons plus qu'à dégager la conclusion pratique de la *France juive*.

Nous sommes bien à l'aise pour tout cela. La Presse catholique vient de prouver qu'elle n'abdique jamais ses principes, alors même qu'il s'agirait pour elle de soutenir à ce prix l'un de ses meilleurs soldats. Elle a déploré les duels, et fait, à propos de certaines personnalités tombant à faux ou trop généralisées, à propos de certaines citations et interprétations de la Bible, quelques réserves nécessaires, auxquelles nous nous associons complètement. Mais ces réserves ne touchant pas au fond du débat, nous nous contenterons de les maintenir sans les développer.

I

LA *FRANCE JUIVE* ET L'INTOLÉRANCE RELIGIEUSE

Ne prenons pas le change. S'il y a du fanatisme dans la *France juive*, c'est bien moins du fanatisme religieux que du fanatisme civique, humain, patriotique. Le crime d'intolérance religieuse, la *France juive* ne le commet pas, elle le dénonce et le flétrit.

Voici, en effet, les paroles dans lesquelles M. E. Drumont lui-même résume son œuvre : « J'ai voulu montrer par quel oblique et cauteleux ennemi la France avait été envahie, corrompue, abêtie au point de briser de ses propres mains tout ce qui l'avait faite jadis puissante, respectée, heureuse. » Et il proteste formellement, au début de son livre VI, qu'il ne veut pas attaquer ceux qui, tout en ne partageant pas nos opinions, n'attentent pas à nos droits de citoyens, d'hommes, de Français.

Et son œuvre ne dément nulle part cette profession de foi.

Le livre Ier de la *France juive* établit, par des preuves de faits innombrables, que, au point de vue de la prospérité matérielle, du sens moral, patriotique, esthétique même, le Juif devient fatalement funeste à toutes les sociétés dans lesquelles il pénètre.

Les livres II, III, IV constatent cet effet juif dans les diverses phases de notre histoire particulière, et spécialement dans la période contemporaine, en dénonçant, à l'origine et dans l'accomplissement de toutes les œuvres de mal dont la France a souffert et souffre, l'influence juive.

Le livre V flétrit les indulgences et les connivences déplorables que rencontre et qui favorisent parmi nous le scandale juif.

Le livre VI enfin montre que partout, au pouvoir, dans la presse, dans la rue, francs-maçons, protestants, juifs ne mènent la guerre contre le Catholicisme, en y employant la persécution et la calomnie, toutes les manœuvres injustes et violentes, viles et lâches, qu'au profit et au commandement du Juif.

Cette rapide analyse nous fait déjà connaître un peu, dans son plan général, sa donnée, sa portée, cette *France juive* à laquelle ses adversaires ne reprochent, en somme, que d'être intolérante. Voyons de quel côté se trouve l'intolérance religieuse.

Rien qu'au cadre de l'ouvrage, on peut préjuger ce qu'il contient. Et ce qu'il contient peut se préciser d'un mot : M. E. Drumont ne s'attaque pas à des croyances, mais seulement à des méfaits.

Il passe dans la *France juive* comme un grand courant d'idées, vers lequel affluent en masse, pour le grossir et le fortifier, toutes les idées secondaires, tous les documents, tous les faits. C'est la haine et la lutte de la race sémitique, représentée par les Juifs, contre la race aryenne, représentée par nous, qui traverse et remplit ainsi d'un bout à l'autre l'œuvre de M. E. Drumont.

Que cette guerre ne soit pas déclarée et faite par nous, mais par les Juifs ; que nous la subissions malgré nous, injuste, sauvage, impitoyable ; que nous devions en être fatalement les victimes, M. E. Drumont le prouve non seulement par des faits sans nombre, qui sont et resteront incontestés, mais encore par toutes les professions de foi où les Juifs trahissent ouvertement leurs prétentions et leurs tendances.

Il nous fait lire, dans leurs livres et leurs journaux, que les Juifs n'entendent pas être considérés comme une religion, mais comme un peuple et comme une race, parmi les autres peuples, au sein de notre race ; qu'ils n'ont qu'une attente, qu'un but, qu'une espérance : régner sur le monde ; et, pour y parvenir, absorber d'abord en eux toute la richesse et toutes les forces du monde.

C'est donc comme sur sa proie que le Juif s'abat sur tout peuple qui l'accueille. Et, avec lui, c'est la guerre et tous ses maux qui fondent sur le peuple. C'est la ruine totale, matérielle et morale, parce qu'il faut tout cela au Juif pour assurer sa domination. C'est, comme le dit M. E. Drumont, « la mise à la glèbe de toute une nation. »

C'est la conquête inévitable, parce que le Juif ne recule devant aucun moyen, si infâme qu'il soit. C'est la conquête déloyale, la spoliation inique; c'est la guerre injuste et lâche, comme l'entendent les détrousseurs de grand chemin, tellement que la question de l'antisémitisme s'appellerait bien plus justement la question de l'*antibanditisme !*

Voilà le fléau juif, tel que M. E. Drumont l'a vu dans notre société, dans notre patrie française, et tel qu'il l'a dénoncé en disant ce qu'il a vu.

Il a dit le Juif s'abattant sur la France pour nous exploiter et nous voler, par l'usure, l'agiotage et tous les tripotages sans nom; pour nous sucer jusqu'à épuisement, comme un insatiable vampire ; pour se gorger de notre or français, des fruits de notre travail national.

Il a dit le Juif s'organisant en une bande de financiers, ou plutôt de pillards, résolus à tous les expédients frauduleux et iniques, dans le but visible d'anéantir notre fortune nationale et de ruiner toute entreprise française, pouvant être honnête et salutaire (affaire de l'*Union générale* par exemple).

Il a dit le scandale juif s'établissant parmi nous, pour s'étendre, nous pénétrer, nous gangrener comme une lèpre honteuse, en s'attaquant de préférence aux parties nobles de notre corps social.

Il a dit le Juif accaparant toutes les ressources de la publicité, pour en armer la horde de ses âmes damnées, qu'il lance à l'assaut de toutes nos idées saines, de notre sens religieux, moral et même patriotique.

Il a dit le Juif corrompant, pour se les asservir, tous les pouvoirs publics du pays, et les employant à favoriser ses rapines, à permettre ou à gracier ses crimes, à contenter ses haines, à ruiner notre clergé, notre magistrature, notre armée, en un mot tout ce qui fait à l'extérieur et à l'intérieur notre prestige et notre force.

Il a dit le Juif divisant et déchirant la France par la guerre religieuse; excitant, soudoyant parmi nous toutes les passions mauvaises ; déchaînant contre les meilleurs des Français, qui ne demandent qu'à se dévouer au bien et au soulagement de leurs frères, la foule des égarés et des vendus, devenus, sous l'action juive et à son profit, des persécuteurs injustes et aveugles, cruels et lâches.

Il a dit le Juif prenant à sa solde la Révolution et la Franc-Maçonnerie, forcées de se reconnaître impuissantes à réussir par elles-mêmes ; et cela, pour se faire livrer la France; et cela pour établir dans la France conquise le règne des coupeurs de bourse, des tarés, des deshonorés et des déshonorants, en attendant l'heure qui approche de faire finalement de la France, par la persécution religieuse, un véritable coupe-gorge.

Il a dit, selon son propre mot, la *conquête juive*, comme Taine avait dit la conquête jacobine.

Qu'il ait presque égalé la flétrissure aux crimes, qu'il ait porté dans cette gangrène un véritable fer rouge, on ne peut le nier. Mais il faut aussi le reconnaître : son livre, en tombant dans toute cette boue, n'a éclaboussé que de leur propre honte les coupables et leurs complices. Ceux-ci doivent se juger bien plus intimement salis de la honte qu'ils encouraient par leurs actes, que de celle qui vient de leur jaillir au visage.

Mais où donc s'agit-il, dans tout cela, de croyances religieuses attaquées ?...

Ne peut-on pas défier les plus intéressés eux-mêmes d'y montrer autre chose que des méfaits flétris? Beaucoup n'y sont-ils pas ouvertement visés, pour avoir trempé dans les méfaits juifs, qui ne partagent nullement les croyances juives?

De fait, a-t-on relevé, dans l'œuvre de M. E. Drumont, la moindre attaque intolérante aux pratiques, aux dogmes des Juifs?

Les seuls livres juifs qu'on y voit dénoncés à la réprobation publique ne sont-ils pas ceux qui commettent de véritables crimes sociaux, en décrétant, en commandant la guerre et le vol universels ?

La *France juive* n'est donc pas le cri fanatique d'un chrétien qui n'en voudrait aux Juifs que de ne pas appartenir à notre foi religieuse, et qui appellerait sur eux, de ce seul chef, la haine et la vindicte publiques. C'est l'explosion longtemps contenue d'un cœur d'honnête homme et de Français, qui ne peut plus, à la fin, retenir son cri d'indignation, en face des maux dont il voit notre société depuis si longtemps victime, en face des infamies dont il voit notre société depuis si longtemps souillée.

Ce n'est pas à dire que le sentiment religieux n'ait pas sa part dans l'inspiration de la *France juive*.

Il ne faut méconnaître ni dénier à M. E. Drumont le désir devoué de servir, le mérite d'avoir servi la cause du Christ. Mais il n'a cherché à gagner l'opinion publique au Catholicisme qu'en montrant ce que sont nos persécuteurs, ce qu'est le Juif — criminel de lèse-patrie ; ce que sont, aux ordres du Juif, tous les vendus, depuis ceux des pouvoirs publics jusqu'à ceux de la plus vile presse : — auxiliaires et valets des pires ennemis de la France, « lâches, selon le mot de M. E. Drumont, qui s'aplatissent comme des punaises » aux pieds de la puissance indigne, égoïste, arrogante, et n'ont de courage qu'en face de la faiblesse sainte, charitable, patiente, de nos prêtres et de nos bonnes Sœurs.

Il était inévitable, d'ailleurs, que la question religieuse se mêlât à la question sociale soulevée par M. E. Drumont.

Le Juif ne pouvait attenter à l'honneur, à la vie de la France, sans être forcé de s'en prendre au Catholicisme, qui, justement, emploie tous les dévouements et toutes les vertus à combattre la misère matérielle et la misère morale : ces effets, ces auxiliaires de l'action juive.

Impossible au Juif d'être ennemi de la France, sans l'être du Catholicisme. C'est l'honneur du Catholicisme d'être à ce point partie intégrante de notre dignité, de notre vie nationales !

Il était par conséquent impossible à M. E. Drumont de dénoncer les Juifs, pour leurs menées antifrançaises, sans être forcé de les dénoncer aussi pour leurs menées anticatholiques.

Tout historien sincère, même non religieux, aurait subi cette nécessité. Il a suffi à M. Alph. Daudet d'être un honnête homme, pour écrire l'*Evangéliste*, contre une secte bien moins malfaisante et funeste que la juiverie. Il suffit à M. le docteur Desprez d'être honnête et patriote, pour défendre les Sœurs de charité contre le conseil municipal de Paris. Il suffisait de même à M. E. Drumont d'être honnête et patriote, pour lancer la *France juive*.

C'est un Catholique, à la vérité, qui vient de montrer le Juif serrant la France à la gorge et lui criant sans cesse : *la bourse et la vie !* Mais il n'en reste pas moins que ce sont bandits et victimes, et non Juifs et Catholiques, qui se trouvent en présence.

Encore une fois, ce n'est donc pas le Juif en tant que fidèle de la loi de Moïse, mais c'est le Juif pris en flagrant délit de desseins haineux et coupables, de rapines et d'hostilités contre la société, d'attentats à tous nos droits de citoyens, d'hommes et de Français ; c'est le Juif en tant que malfaiteur universel, qui vient d'être cloué au pilori.

Toute autre interprétation du livre de M. E. Drumont n'a qu'un but : donner le change à l'opinion, pour l'empêcher de prêter l'oreille au cri d'indignation qui vient de retentir.

C'est à ce but que s'efforce tant qu'il peut, tout en y mettant, pour mieux tromper, une menteuse affectation d'indifférence et d'indulgente charité, M. A. Wolff, l'un des mieux fouaillés du livre (*Figaro* du 23 avril). Mais il est naïf, s'il croit gêner la *France juive*, en proclamant ce principe de tolérance, que « l'idéal d'un Etat moderne serait celui où chacun ferait son devoir, et où personne ne troublerait la conscience du voisin. »

Bien loin d'y contredire, la *France juive* lutte justement pour ce principe. Ce qu'elle reproche aux Juifs, c'est justement d'empêcher la réalisation de cet idéal d'état moderne, en ne faisant pas leur devoir, en troublant la conscience de leurs voisins... à moins que, aux yeux de M. Wolff, le devoir civique ne consiste pour les Juifs français à épuiser, à déshonorer la France, et la tolérance religieuse, à persécuter les Catholiques. M. E. Drumont, nous l'avons prouvé, n'attaque nulle part la religion juive et par conséquent ne cherche pas à troubler les consciences israélites. Il ne fait que montrer, commis par les Juifs, tous les attentats possibles contre la religion et les consciences de leurs voisins. Il prouve que l'intolérance et la haine religieuses, poussées au dernier degré de l'exaspération, sont tellement entrées dans les mœurs juives, qu'elles sont devenues vertus juives.

Pour établir tout cela, il lui suffit de citer, d'après les révélations de la science allemande, plus indépendante que la nôtre, les livres qui font autorité en Israël, et qui enseignent aux bons Juifs leurs devoirs.

Il nous fait lire, dans le Talmud, qu'un « *bon Juif doit manquer de parole aux chrétiens,... doit chercher la ruine et la mort des chrétiens,... qu'il n'est rien de plus saint que de verser le sang d'une fille non juive.*

Et il nous montre ces prescriptions fidèlement observées dans tous les siècles, jusqu'au nôtre inclusivement.

Pour qu'on ne puisse pas l'accuser de manquer de bonne foi dans la discussion, pour qu'on ne puisse pas l'accuser d'invoquer contre un siècle de tolérance, qui ne s'en rendrait plus coupable, les crimes des âges lointains, réputés fanatiques, il prouve que les mêmes crimes ne cessent pas d'être commis par la juiverie contemporaine ; qu'ils le seront de nouveau en toute occasion, qu'ils sont toujours voulus, approuvés, désirés,... témoin cette parole qu'il cite de M. Meyer, directeur de la *Lanterne :* « Vous concluez qu'on a eu tort de fusiller les pauvres calottins en 1870 ! nous sommes d'un avis contraire, nous estimons même qu'on a usé de trop de ménagements vis-à-vis d'eux. » (Petite correspondance de la *Lanterne*, 4 décembre 1883.)

Et après avoir révélé ces œuvres et ces cris de haine, M. E. Drumont rappelle que les *pauvres calottins*, les religieux, les sœurs, ne répondent à cette haine que par la charité ; ne se vengent de ces œuvres de haine que par des œuvres d'amour, et restent prêts à se dévouer, même pour leurs persécuteurs, même pour les Juifs, qui seraient malades ou malheureux !

Et ce sont les Juifs qui se plaignent d'être les victimes de l'intolérance, du fanatisme religieux ! ! !...

II

LA *FRANCE JUIVE* ET LA VÉRITÉ

Au lieu de mentir à l'opinion publique, pour lui donner le change, M. A. Wolff et ses compagnons de pilori auraient bien mieux fait de démontrer fausses les accusations de la *France juive*.

Impossible, malheureusement, de démentir M. E. Drumont ! On l'a pourtant essayé. Quelques jours seulement après l'apparition de la *France juive*, M. A. Wolff a pris immédiatement la plume pour la défense de ses coreligionnaires (*Figaro* du 23 avril) ; et l'on est bien fondé à croire qu'en engageant ainsi la lutte, le champion juif a dû porter ses efforts sur tous les points vulnérables, et employer toutes les armes possibles. Dix jours plus tard, le 3 mai, un autre Juif, M. Paul Meyer, dans une feuille fondée *ad hoc*, la *Critique*, publie à son tour un grand article sous ce titre significatif : la *France juive*, *réponse à M. Drumont ;* et quoique cette réponse n'ait pas eu, croyons-nous, un énorme retentissement, il n'en est pas moins vrai que son auteur essaie d'y réunir et d'y condenser toutes les raisons, tous les moyens de défense dont les Juifs ont pu faire, dans l'intervalle, provision et usage.

Or, ni M. A. Wolff qui signale d'avance tous les arguments à présenter, ni M. P. Meyer qui résume finalement tous les arguments présentés et présentables, n'apportent contre la *France juive* le moindre démenti valable.

Ils disent bien que M. E. Drumont a menti, mais ils ne le démontrent par aucune discussion de textes ni de faits, tandis que M. E. Drumont n'avance rien qu'il ne le prouve.

M. A. Wolff assimile M. E. Drumont au pasteur Stæcker, qui mène à Berlin la campagne antisémitique. Il accuse la *France juive* de n'être qu'une tentative d'intolérance religieuse. Il insinue qu'une pareille tentative n'a aucune chance de réussir à Paris ; que les Juifs français s'acquittent de leurs devoirs de citoyens et que M. E. Drumont, en n'imitant pas à l'égard des Juifs la charité de Mgr l'Archevêque de Paris, devra encourir la désapprobation de l'autorité ecclésiastique. Il affecte d'être, pour son compte, absolument indifférent aux révélations que contient sur lui la *France juive*. Il essaie de décrier habilement M. E. Drumont en le montrant, au début de sa carrière, secrétaire de Marchal, dit de Bussy, espion et pamphlétaire aux gages de l'Empire. Il redit son indulgente indifférence, et proteste n'en vouloir à M. E. Drumont que d'offenser le bon sens parisien. Il nous donne la phrase sur l'idéal d'un Etat moderne, que nous avons citée et employée plus haut. Et il conclut en prédisant à M. E. Drumont l'insuccès total (il faut voir comme l'événement lui donne raison!!!) auprès des hommes de bon sens « qui considèrent la tolérance en matière de religion comme la plus grande conquête d'une époque de progrès » ; auprès de l'homme du XIXe siècle qui « se dessine, tel que les rêveurs l'entrevoient, avec l'amour du bien, de quelque religion qu'il vienne, et la haine du mal, quelle que soit la religion qui l'engendre. »

Tel est, scrupuleusement analysé, l'article de M. A. Wolff. Il fallait le faire ainsi complètement connaître, pour qu'il fût bien démontré que le champion juif s'en tient, comme nous l'avons dit, à des accusations de fanatisme, à des démentis sans preuve.

Le débat sur le fond se réduisait donc bien, avec M. A. Wolff, à discuter de quel côté se trouve l'intolérance religieuse. Nous espérons avoir traité cette question, de manière à convaincre le lecteur que « les hommes de bon sens », que « l'homme du XIXe siècle » entrevu par le rêveur Wolff, seront, avec la *France juive*, contre le Juif ; justement, pour les raisons invoquées par M. Wolff contre M. E. Drumont. Ils ne peuvent plus ignorer, en effet, que le Juif est intolérant, que tous nos maux viennent de l'intolérance juive.

Nous relèverons plus loin le reproche fait à M. E. Drumont, de ne pas imiter assez la charité de Mgr l'Archevêque de Paris. Mais il faut nous arrêter un peu à l'insinuation maligne par laquelle M. Wolff essaie de décrier l'auteur de la *France juive*. En rappelant que M. E. Drumont fut, au début de sa carrière, le secrétaire de Marchal, dit de Bussy, M. A. Wolff a soin de flétrir longuement ce Marchal, espérant bien qu'un peu de cette flétrissure retombera sur l'ancien secrétaire. Cela nous emporte à cent lieues de la *France juive ;* mais quand on ne peut se défendre en restant dans la question, il faut bien en sortir ! M. A. Wolff n'avait rien à répondre et il voulait parler quand même.,. d'où cette digression. Si le débat descend ainsi à des questions de personnes, on reconnaîtra que ce n'est pas notre faute !

Supposons qu'il se trouve encore un jeune homme à Paris ne connaissant le chroniqueur du *Figaro* que par les pompeux éloges dont il se comble lui-même toujours. Grâce à ces panégyriques, notre jeune homme ne voit dans M. A. Wolff que l'intègre écrivain, l'honorable par excellence dont la réputation sans tache repose sur tant d'années de labeur, le critique généreux et désintéressé qui répugne à toutes les vénalités, qui protestait hier encore, dans son nouvel ouvrage : *la Capitale de l'Art*, que les jeunes artistes lui sont très chers... quand il est surtout vrai que les jeunes artistes le trouvent très cher, pour sa continuelle avidité à se faire une galerie de leurs tableaux.

Bref, notre jeune homme ne connaît que Wolff peint par lui-même, il n'a pas lu, dans la *France juive*, l'autre portrait de M. A. Wolff, le portrait de *Simia !...*

S'il accepte, dans ces conditions, de devenir le secrétaire de M. A. Wolff, afin d'entrer ainsi dans le journalisme, pourra-t-il croire qu'on lui jettera cela au visage, vingt-cinq ans plus tard, comme une flétrissure?

Eh bien, ce fut ainsi que M. E. Drumont, jeune encore, ne connaissant pas encore les dessous de Paris, devint le secrétaire de Marchal ! M. E. Drumont ignorait et n'a jamais bien su que Marchal fût ce que dit M. A. Wolff! On ne peut mieux le comparer qu'à M. Gustave Toudouze, qui publiait, l'an dernier croyons-nous, une élogieuse biographie de M. A. Wolff, sans paraître seulement se douter de l'autre réputation de son sujet.

Cette explication ne peut manquer de satisfaire complètement M. A. Wolff; elle lui épargnera, dans l'avenir, la peine de s'apitoyer sur cette *fatalité* qui rapprocha trop, naguère, M. E. Drumont d'un taré notoire.

L'article de M. Paul Meyer ne diffère de celui de M. A. Wolff que par l'absence d'habileté.

Il articule les mêmes accusations de fanatisme — nous n'avons pas à revenir sur une discussion déjà épuisée; il exprime la même indifférence affectée : « Aux injures, dit-il, les Juifs ont répondu par le mépris. » — On conviendra que cela ne suffit pas à les justifier. Mais tandis que M. A. Wolff s'en tient à un démenti vague et général, M. Meyer, moins prudent, relève, pour les discuter, quelques-unes des assertions de la *France juive*... Voyons avec quel bonheur!...

Il note que M. E. Drumont a commis quelques erreurs de fait, à propos de Mme Adam, par exemple. C'est vrai, il faut reconnaître qu'on s'est défendu, ici et là, d'être Juif, avec une hâte et une vivacité absolument flatteuses pour la Juiverie. Mais il est évident aussi que ces rectifications à propos de quelques rares personnalités ne touchent pas au fond du débat.

Pour infirmer les révélations de la *France juive,* il ne suffit pas d'y montrer quelques erreurs de personnes. Il ne suffit même pas, comme le fait M. P. Meyer, de rappeler qu'il s'est trouvé un Juif brave et patriote : le commandant Franchetti. M. E. Drumont n'a pas voulu dire que tous les Juifs sans exception concourent aux œuvres de mal qu'il dénonce. Il doit, comme nous, espérer le contraire. Là n'est pas la question. Les tendances générales du Juif, son action d'ensemble, son effet dans la société sont-ils, ou non, ce que dit la *France juive?* voilà le fond du débat; et voilà ce que les Juifs n'osent pas discuter.

Pourtant leur champion triomphe! Il a découvert que M. E. Drumont reproche aux Juifs de *sentir mauvais;* et vite il conclut dédaigneusement contre un si pauvre ennemi : « Voilà qui démontre bien le peu d'importance des arguments de la *France juive.* » On ne demanderait pas mieux, il est vrai, que de sourire avec lui, d'une pareille accusation, si M. E. Drumont ne nous parlait que de l'infection physique; malheureusement, c'est surtout de leur infection morale qu'il fait un crime aux Juifs.

Faut-il relever toutes les assertions risquées de M. Paul Meyer?

Il ose écrire qu'un Juif « ne se serait jamais permis d'attaquer la religion catholique et ses fidèles, comme M. Drumont s'est permis d'attaquer la religion juive et ses disciples »; quand il est évident pour tous que les Juifs n'ont pas cessé et ne cessent pas de poursuivre à travers les siècles Jésus-Christ et les siens, de la haine qui les fit déicides.

Il ose écrire « que les spéculateurs de mauvais aloi qui ont précipité notre marché financier dans le gâchis actuel ne sont pas les Juifs, mais les fondateurs de l'*Union générale;* et il ne se donne pas la peine de réfuter les documents par lesquels M. E. Drumont met en pleine lumière l'iniquité des Juifs, servie par le gouvernement, dans cette affaire.

Enfin il appelle « des aptitudes toutes spéciales pour la finance » les moyens employés par le Juif pour accaparer la fortune nationale, sans même discuter un seul des faits, un seul des chiffres accumulés par M. E. Drumont, qui tendent tous à révéler dans le Juif le pire des exploiteurs.

Voilà quelles sont toutes les réponses des Juifs à la *France juive !*... à moins qu'on n'y veuille ajouter le brillant duel dont s'occupe présentement le Parquet. Mais, répondre à coups d'épée n'est pas répondre. Pas plus que les articles de MM. Wolff et Meyer, ce duel ne prouve que la *France juive* a porté à faux ; il prouve seulement quelle a porté à fond, et que les Juifs, impuissants à empêcher ses accusations de retentir partout, se sont trouvés réduits à essayer de tuer M. E. Drumont, pour étouffer sa voix vengeresse !... On sait d'ailleurs quelle tournure a pris tout de suite le combat, avec le paladin juif.

Une seule chose étonne en tout ceci, c'est que les Juifs n'emploient pas contre M. E. Drumont l'arme de la chicane qu'ils manient si bien.

Car elle n'est pas vraie leur attitude d'indulgente indifférence ! M. Wolff ne nous rappelle-t-il pas lui-même, dans l'article du *Figaro* ci-dessus analysé, son empressement à recourir aux tribunaux non seulement de France, mais encore de Belgique... quand il peut ? Son honneur, son honorabilité acquise par tant d'années de travail sans tache et sans reproche, sa réputation absolument intacte, toutes choses connues, — je n'ai pas dit : reconnues — dont il nous rebat continuellement les oreilles, sont trop chères au digne Wolff, pour qu'il les laisse attaquer sans les défendre... quand il peut ! Pourquoi donc, cette fois, ne porte-t-il pas tout cela devant les tribunaux, à propos de certaines assertions prouvées, de certain arrêt de police correctionnelle inséré tout au long dans la *France juive ?*

Et pourquoi tous les autres mettent-ils le même soin que lui, à se tenir cois ?

C'eût été bien bon, pourtant, de prendre un Catholique en flagrant délit de calomnie ! S'ils l'avaient pu, comme ils s'y seraient tous mis : gouvernants indignes, tripoteurs, maîtres chanteurs! Aussi, rien ne nous prouve mieux que leur attitude la vérité des Révélations de la *France juive.*

Personne n'en doute d'ailleurs !... La *France juive* n'est qu'un recueil de faits notoires, que pourraient seuls ignorer ceux qui s'abstiennent de regarder dans la rue, de se renseigner par la presse ; M. E. Drumont en a mis seulement en lumière la moralité. En somme, la *France juive* ne fait que crier bien haut ce que tout le monde savait et disait tout bas. Si le Juif s'est fait admettre dans les sociétés les plus *selected*, il n'en a pas moins là, comme partout, la réputation que l'on sait ; là comme partout, on le juge digne, et on l'appelle des noms les plus sévères et les plus cruels. Lui-même ne peut l'ignorer, et il lui faut sa dose ordinaire d'impudent cynisme pour paraître l'oublier. Comprenne qui pourra cette inconséquence : le Juif si mal famé, si bien traité !

Les audaces de la *France juive* ne sont donc pas des calomnies ; c'est en quoi elles diffèrent des infamies publiées journellement par le Juif contre le Catholicisme. M. E. Drumont fait remarquer lui-même qu'il n'aurait jamais employé les procédés de mensonge dont le Juif fait son arme ordinaire ; qu'il n'aurait jamais, par exemple, traité Mlles de Rothschild comme la presse vendue aux Juifs traite quotidiennement nos pures et saintes religieuses. Notons au passage, qu'en même temps la dite presse encense à genoux toutes les Sarah... de la Juiverie, trop fameuses à tant de titres, qui pourtant ne valent pas peut-être, pour la vertu, pour le dévouement à la société et à la France, nos Sœurs de charité.

III

LA *FRANCE JUIVE* ET LE DROIT DE LA GUERRE

Muets... et pour cause, sur la question de véracité, les ennemis de M. Drumont lui contestent le droit d'avoir été si terrible, si impitoyable. Il est bon de remarquer qu'ils n'osent pas lui faire ce reproche au nom de la morale naturelle, mais seulement au nom de la morale chrétienne. C'est donc qu'ils ne se croiraient pas le droit d'articuler rien de pareil, si l'auteur de la *France juive*, au lieu d'être un catholique, était par exemple M. E. Zola, ou M. A. Daudet. N'est-il pas piquant de voir les contempteurs de notre religion forcés d'en appeler pour leur défense à nos principes catholiques ?

La première parole invoquée par le juif Meyer contre M. E. Drumont est cette maxime chrétienne : « Aimez-vous les uns les autres. » On sait de reste comment les Juifs l'ont toujours pratiquée, à l'égard de Jésus-Christ et des siens. Et à ce premier Juif s'unit le second Juif, le boulevardier sans tache et sans reproche, le digne Wolff, pour inviter l'autorité ecclésiastique à blâmer la *France juive*, pour représenter à M. E. Drumont que son devoir de chrétien serait d'imiter la mansuétude, la charité de Mgr l'Archevêque de Paris.

Oh ! sans doute, il était possible de se montrer plus parfait, plus surnaturel, en ne rendant pas coup pour coup, en ne répondant pas à d'injustes persécutions par une guerre juste, à d'infâmes calomnies par d'infamantes vérités. Mais nos ennemis ont-ils le droit d'exiger toujours de nous cette perfection surhumaine ?

Jusqu'à ces derniers temps, les Chinois aussi persécutaient, martyrisaient, torturaient à leur aise les missionnaires et les chrétiens, qui n'opposaient à leur cruauté aucune résistance ! Comme hommes et comme Français, n'avons-nous pas applaudi à l'attitude différente que viennent de prendre là-bas les persécutés ; à leur résolution de repousser la force par la force ? Avons-nous cru qu'ils manquaient à leurs principes religieux en se défendant ? Avons-nous appelé l'autorité ecclésiastique à juger leur conduite discutable et condamnable ? Et si, par hasard, les Chinois s'étaient avisés de s'étonner, de s'indigner, et de prétendre que les chrétiens étaient tenus à se laisser torturer sans résistance, aurions-nous eu jamais assez d'ironie, pour traiter selon son mérite une pareille prétention ?

Eh bien, c'est cette prétention qu'élèvent MM. Wolff et Meyer.

En face du Juif qui se comporte, ici, comme le Chinois là-bas, à l'égard de la France et de la Religion, M. E. Drumont est un Français catholique qui se défend aussi vivement qu'il est attaqué ; qui défend ensemble la Patrie et la société. Et il est seul contre tous !... Des hommes et des Français ne peuvent qu'applaudir à l'audace de son courage et ne le condamneraient que s'il avait employé, comme nos ennemis, les armes de l'intolérance, du mensonge, de la calomnie. Quant à nos prêtres, le juif Wolff les invite en vain à le blâmer et le juif Meyer se trompe ou ment en disant qu'ils l'ont blâmé.

Ce dernier écrit : « La *France juive* a déjà valu à M. E. Drumont la désapprobation de l'éminent prélat placé à la tête du clergé parisien, et elle a obligé M. E. Drumont à donner sa démission de rédacteur du *Monde*. »

Rien n'est plus faux ! Ce n'est pas par la publication de la *France juive*, mais par l'infraction à la loi divine sur le duel, que M. E. Drumont a encouru la « désapprobation de notre éminent prélat » ; qu'il s'est vu

« obligé de donner sa démission de rédacteur du *Monde.* »

Et enfin, nos prêtres savent, probablement aussi bien que le boulevardier Wolff, ce que leur imposent leurs principes et leur mission. Ils ont peut-être à faire quelques observations sur la *France juive* et ses suites. Mais, disposés qu'ils doivent être, à toujours accueillir avec indulgence et charité, même leurs pires ennemis, même leurs persécuteurs, ils ne pourront pas, en dépit du docteur Wolff, montrer des dispositions différentes à l'égard d'un ami, à l'égard d'un défenseur, qui certainement tiendra compte de leurs observations : il s'y engage d'avance dans son livre.

En tout cas, c'est aux seuls prêtres, à l'exclusion surtout de Wolff et consorts, qu'il appartient de rappeler à leurs chrétiens le conseil évangélique : « Si l'on vous frappe sur la joue droite, contentez-vous de tendre la joue gauche. » A voir Wolff le parfait, et ses émules en perfection, s'ingérer de prêcher la perfection chrétienne, on ne peut tout d'abord que sourire de pitié ! Il ne faut pourtant pas s'étonner outre mesure.

Nos ennemis savent bien, en effet, — et s'ils l'ignoraient, la *France juive* vient de les édifier complètement là-dessus — ce qui arriverait, si les Catholiques, au lieu de tendre l'autre joue, s'avisaient de se défendre. Ils se savent exposés alors aux plus retentissants, aux plus irrésistibles soufflets qui, du coup, les enverraient rouler dans la boue de toutes leurs hontes.

Il n'est donc pas étonnant qu'ils mettent tant de zèle à nous rappeler les conseils de Jésus-Christ. Mais il est clair aussi qu'ils ne prêchent l'Evangile à leurs victimes que pour les persécuter tout à leur aise, en toute liberté et sécurité, au nom de ce principe : Vous êtes Catholiques, laissez-vous faire !...

M. E. Drumont a trouvé que c'était, à la fin, trop cynique et trop commode. De fait, la patience humaine ne pourrait jamais supporter cela sans une révolte de tout l'être ; et la patience surhumaine qu'il y faudrait, M. E. Drumont n'avait pas encore eu le temps d'y atteindre.

Il importe de faire cette remarque pour que la présente étude soit complète. C'est un jeune catholique qui les a frappés, ces coups dont nous sommes si peu coutumiers, et dont nos ennemis sont littéralement stupéfaits et foudroyés. Nouvellement soumis aux influences surnaturelles de la vie catholique, M. E. Drumont n'avait pas encore subjugué, contraint à la patience, son ardente nature ; il gardait un tempérament encore insuffisamment trempé dans le surnaturel, contre les impressions et les indignations naturelles trop vives. C'est pourquoi il n'a pu retenir un cri de colère et de vengeance. Mais en cela, il n'a fait qu'user du droit de la guerre, tel que nos ennemis le reconnaissent et en usent. Une seule remarque est à faire : c'est qu'il s'est servi de ce droit loyalement et pour le Bien, tandis que nos ennemis s'en servent trop souvent déloyalement et pour le Mal.

IV

LA FRANCE NOBLE ET LA *FRANCE JUIVE*

M. E. Drumont a consacré de longues pages à montrer l'intrusion du Juif ou plutôt son admission dans notre plus haute société, et il reproche à une partie de notre noblesse d'être beaucoup trop facile sur ce point, de fermer trop indulgemment les yeux. Il voit même là plus que de l'indulgence, il flétrit cette conduite comme une connivence déplorable !

« Ce symptôme est grave, écrit-il, et l'on peut dire que ce qui fait l'immoralité des jours actuels, ce n'est pas tant le nombre des coquins qui volent, que le nombre des honnêtes gens qui trouvent tout simple que l'on vole. »

Malheureusement, dans cette question de la France noble et de la France juive, M. E. Drumont n'a peut-être pas suffisamment vu et montré, à propos de certains personnages qu'il vise, leur amour du bien, leur zèle pour le bien, en regard de leur indulgence trop grande pour le mal ; leur parfaite honorabilité, en regard de leur malheureuse facilité à se commettre avec tous les tarés les plus déshonorants. Omettant ainsi de donner aux actions qu'il juge si regrettables, le naturel contre-poids des bonnes œuvres qui l'emporteraient souvent de beaucoup dans la balance, il semble ne pas peser assez juste les appréciations qu'il émet. Ses jugements, par suite, prêtent à la contradiction, alors même qu'il se cache sous leurs exagérations, sous leurs généralisations forcées un fonds de vérité indiscutable.

Est-il possible, par exemple, — même si l'on restreint la question, comme le fait la *France juive*, aux idées que peuvent avoir sur la propriété, l'enragé révolutionnaire Kropotkine et le chef honoré de notre parti conservateur, — est-il possible de faire entre ces deux personnages si contraires, une complète assimilation ? La *France juive* pouvait-elle à ce point oublier et taire, que ce même chef du parti conservateur tient toujours sa personne et sa fortune au service de tous les intérêts religieux, sociaux, patriotiques ?

Ces observations faites, on reconnaîtra, d'autre part, que le fougueux publiciste n'est pas le seul qui s'étonne et s'effraie des étrangetés incompréhensibles où l'on se laisse entraîner, à notre époque, par la frivolité, par le désir de s'amuser quand même.

Du haut de la chaire de Notre-Dame, dans son instruction pour le mardi saint, le R. P. Monsabré vient d'exprimer ce même étonnement et ce même effroi, avec toute son énergie, avec toute la force de son indiscutable autorité.

Le prédicateur et le publiciste n'ont pas réprouvé les mêmes faits, ils y ont mis des formes différentes ; mais tous les deux ont poussé le même cri d'avertissement et d'alarme : *Noblesse oblige !...* à rougir, à s'abstenir de certains divertissements, de certains commerces, aussi peu nobles que possible !

Il y a plus : les faits que signale la *France juive* sont presque universellement condamnés dans le milieu même où ils se produisent. Un homme qui appartient par sa vie et ses relations à notre noblesse la plus en vue, mais qui ne *s'enjuive* pas, portait récemment, devant nous, un jugement sévère contre lequel, certainement, bien peu de membres de notre élite sociale s'inscriraient en faux. Il parlait du monde parisien — n'en considérant bien entendu que les lois, les habitudes, l'attitude générale, et nullement les personnalités — et il disait : « *Le monde parisien est bien misérable !* » C'est plus que de l'indignation, c'est de l'écœurement qu'on sent dans cette parole ; et la *France juive* n'en a dépassé nulle part l'énergie réprobatrice.

Mais n'était-il pas opportun et salutaire de crier bien haut ce que l'on disait si universellement tout bas ?

Faire sentir vivement à notre élite sociale que la France s'étonne et s'effraie de la voir se commettre, se salir aux tarés les plus notoires, de la voir flatter et caresser ses pires ennemis qui saisissent toutes les occasions de la ruiner et de l'avilir (témoin l'affaire de l'*Union générale*), n'est-ce pas surtout l'appeler à se protéger, à se sauver ? N'est-ce pas, en un mot, la défendre contre elle-même ?

Si la *France juive* avait été lancée contre la noblesse par un ennemi, dès là qu'elle n'est calomniatrice ni mentouse, dès là qu'elle articule seulement des faits tombés depuis longtemps dans le domaine public, pour avoir déjà défrayé toute la presse parisienne, il aurait bien fallu, si terrible que fût le coup, reconnaître que c'était le droit de la guerre.

Mais tandis qu'un ennemi n'eût ainsi frappé que pour blesser cruellement, un allié, un ami a dû ne traiter par les moyens extrêmes un mal qui empirait sans cesse de façon effrayante, qu'en vue d'obtenir plus vite et plus sûrement une guérison radicale.

Et M. E. Drumont est un ami. Ce serait en effet se tromper étrangement que de le juger, sur la sortie si virulente qu'il vient de faire, comme un ennemi haineux et jaloux de l'aristocratie, à la manière de nos farouches démocrates. Le livre V de sa *France juive* contient justement, dans ses premières pages, l'expression chaleureuse et émue des sentiments les plus droits d'admiration, de respect, de sympathie profonde pour la Noblesse... dans tout ce quelle a, dans tout ce qu'elle conserve de noble. Ce qu'il voudrait, c'est que la Noblesse restât toujours parfaitement digne d'honneur en restant toujours parfaitement noble, c'est-à-dire, en demeurant fidèle à ses traditions de générosité, de dévouement, d'héroïsme, de charité ; c'est-à-dire, en ne se laissant approcher ni pénétrer par rien de déshonorant, ou, pour employer un synonyme, en ne *s'enjuivant* pas ; c'est-à-dire en ne passant pas du service de toutes les grandes et saintes causes au service des fêtes, des chasses, des bals, des cotillons juifs ; c'est-à-dire en n'abjurant pas, pour le culte du Juif et de son or infâme et maudit, le culte des ancêtres, et de leurs vertus bénies et glorieuses !

Voilà pourquoi il adjure la France noble de ne pas tourner à la France juive !

D'ailleurs, toute la carrière militante de M. E. Drumont dépose de ses intentions. Alors même qu'il écrivait encore dans un journal républicain, la *Liberté*, il luttait déjà, avec nous, pour la défense de tous nos intérêts conservateurs ; et sa campagne fut remarquée pour le talent, le zèle, l'énergie qu'il y déploya.

Mais, quand il jugeait ainsi que la grande cause de la religion et de la patrie avaient besoin de tous les efforts et de tous les courages ; quand il se donnait à nous, généreux volontaire, sans reculer devant le blâme de son parti, ne dut-il pas au moins s'étonner, et s'étonner douloureusement, de voir les champions naturels de notre cause augmenter la puissance de nos ennemis, en leur donnant la seule force qui leur fît défaut, la considération, et nous faire ainsi la bataille plus rude et la victoire plus difficile ? Quand il lui suffisait d'être honnête et patriote, pour se sentir animé contre le Juif de tant d'indignation et de colère légitime, ne dut-il pas s'étonner de voir qu'il ne suffisait pas même d'être nobles aux premiers des Francais, pour ne plus traiter le Juif en ami ? Ne dut-il pas s'étonner de trouver moins inaccessibles que lui aux séductions trompeuses et amollissantes, moins entièrement dévoués que lui à leur propre cause, moins intransigeants que lui dans la guerre juste à leurs propres ennemis, ceux qu'il pouvait croire, au contraire, obligés plus que tous les autres, pour toutes les raisons possibles, à ne jamais se laisser aller, même à un semblant de défection ? Et n'est-ce pas en partie de ce sentiment qu'a dû naître la *France juive ?*

Un autre sentiment s'y fait encore jour. L'amère et vive expression en est empruntée par M. E. Drumont à Louis Veuillot, qui disait, en parlant des membres de notre noblesse : « Quand je vois ces gens-là déchoir, il me semble toujours qu'on me vole quelque chose de moi. »

C'est qu'en effet toute nation doit considérer comme faisant partie du patrimoine d'honneur légué par les ancêtres, le prestige de sa noblesse. C'est qu'en effet, à part quelques exceptions sur lesquelles il n'est pas juste d'appeler exclusivement l'attention publique, la plupart des noms de notre noblesse rappellent des gloires et des vertus françaises, au même titre que les noms les plus magiques de nos annales militaires, de notre histoire religieuse, morale, intellectuelle. C'est de tout cela qu'est fait notre honneur national, notre honneur à tous, qui ne peut gagner en éclat ou déchoir de sa splendeur sans que tout cœur français en doive exulter ou gémir.

C'est qu'en effet, le plus souvent, les dévouements et les efforts de tous durent concourir à telle ou telle œuvre, à telle victoire, par exemple, qui, en glorifiant la patrie, anoblit l'un de ses enfants plus méritant que les autres, et lui donna un nom destiné à devenir pour toujours, en se perpétuant dans sa race, le mémorial vivant d'une victoire française. S'il en est ainsi, l'honneur de ce nom n'appartient-il pas, bien que secondairement et comme par reflet, à toute la nation, qui prodigua, pour vaincre, le sang, la peine, les sacrifices de tous ? N'est-il pas, en un mot, un bien national, en même temps que le bien personnel de ceux qu'il illustre ? Pourra-t-il jamais être terni, dans la suite des âges, sans que, son rayonnement sur tout le pays en étant par suite affaibli ou éteint, la gloire de la France en soit conséquemment diminuée, sans qu'il nous soit dérobé à tous quelque chose de nous ?

La noblesse d'un peuple devient ainsi comme l'épanouissement, aux regards du monde, de ses vertus et de ses héroïsmes. C'est, pour ainsi parler, le plus pur et le plus vivace de sa sève qui monte en fleur. Et quelle fleur, née de toute la sève d'une plante, épanouie au sommet de sa tige pour manifester la richesse et la splendeur de vie qui l'a produite et la nourrit, quelle fleur peut donc se faner et se flétrir, sans que toute la plante en paraisse découronnée, déchue, dépérissante ? Et tout le monde dit que, parmi nous, fleur de noblesse se fane et se flétrit !... Puisse-t-elle du moins n'éprouver qu'une réaction de vie, à la suite du terrible froissement qu'elle vient de subir ! Pour l'honneur de la France, il ne faudrait pas qu'il fût devenu impossible à la noblesse française de conserver ou de reconquérir son antique prestige : elle en reste toujours digne, par la fidélité du plus grand nombre de ses membres à garder intacte leur gloire ; elle en redeviendrait complètement digne, par sa renaissance à la superbe et vivace beauté de ses meilleurs jours.

V

POUR LA PATRIE !

Nous arrivons enfin à la dernière question qui se pose à propos de la *France juive*. Quelle conclusion pratique tirer de tout cela ?

Et nous nous apercevons que nous n'avons rien dit encore du talent de l'auteur, de ses procédés de style et de composition.

C'est que la question est toute secondaire. Visiblement elle a été jugée telle, par M. E. Drumont lui-même, dont la réputation d'écrivain n'est plus à faire, dont la valeur est depuis longtemps reconnue. La *France juive* est avant tout une somme de faits et de preuves qui valent et agissent par leur propre force, par leur masse : il ne fallait pas risquer, en façonnant cette masse, de lui rien faire perdre de son poids. La *France juive* est avant tout une œuvre documentaire, que ne manqueront pas d'utiliser les futurs historiens de notre temps. N'allons pas croire, pourtant, qu'il s'agisse simplement ici d'un amas informe et inerte. M. E. Drumont, en effet, dégage la moralité de tous ces faits, de tous ces documents, avec une véritable éloquence chaleureuse et puissante. Et ce n'est pas seulement de la vie intense, c'est de la saine et forte vie, qu'on sent palpiter dans la *France juive*. Reconnaissons à ce double caractère le bon livre, le livre de haute valeur. Sa lecture fouette le sang pour ainsi parler, et enlève le cœur vers une résolution ardente, généreuse, salutaire... laquelle ?

A cette question, les maltraités de la *France juive* répondent encore par un mensonge intéressé. Sur le but du terrible livre comme sur tout le reste, ils essayent de donner le change à l'opinion publique en prétendant que M. E. Drumont conclut à la nécessité impérieuse, pour les Français, de prendre contre les Juifs les mesures les plus radicales d'expulsion et de spoliation. Sur ce point encore, M. Paul Meyer a été moins prudent, moins mesuré que M. A. Wolff. Voici comment il exprime cette maligne insinuation : « Pour M. E. Drumont les exactions, les persécutions dont les Juifs ont été victimes au Moyen âge doivent recommencer. »

Or, nous voyons bien que la *France juive* a voulu prouver, qu'elle a prouvé jusqu'à l'évidence, que de pareilles mesures seraient justes : nous ne voyons nulle part qu'elle les ait explicitement demandées. Ce livre, qu'il faut bien reconnaître indiscutable puisqu'il n'est pas discuté, assimile, il est vrai, complètement aux malfaiteurs, aux détrousseurs de grand chemin, les Juifs, coupables de l'assassinat moral, de la ruine matérielle de notre Patrie ; il montre bien qu'il n'est pas possible d'établir entre les mœurs des uns et des autres de sensible différence; mais il n'appelle pas expressément la Justice Nationale, à traiter les uns comme elle traite les autres. Il n'enferme pas les pouvoirs publics dans ce dilemme sans issue : ou bien condamnez-moi pour diffamation, ou bien punissez les crimes que je révèle indéniables ; faites rendre gorge, au profit de la France, à tous les exploiteurs que je démasque convaincus de toutes les déprédations ; opérez par la force les restitutions que je signale rigoureusement dues.

M. E. Drumont s'abstient en effet de pousser ainsi, à fond, ses conclusions pratiques. Visiblement, il n'a pour but que de déterminer parmi nous un mouvement de pudeur patriotique, qui retire au Juif ennemi de la France, l'appui, l'amitié, la considération de tous les Français.

Le Juif parvenait à cacher ses hontes sous le manteau de ses richesses ; et nous paraissions oublier peu à peu ce qu'est en réalité le Juif, ainsi drapé de pourpre et d'or. Séduits par les plaisirs qu'il offre à ses amis, par les salaires dont il soudoie ses complices, nous cessions peu à peu de dire tout haut ce que nous ne cessions pas de savoir et de dire tout bas, et cela, pour arriver à nous tromper nous-mêmes, pour qu'il nous devînt possible, du moins en apparence, d'appeler autrement qu'indulgence aveugle, connivence déplorable, coupable complicité, la considération extérieure, l'appui moral ou effectif accordés au Juif. Et le Juif ennemi de la France était traité en ami par l'élite des Français ! Et le Juif employait les Français contre la France !

Pour que la France revînt à la pudeur, il fallait que le Juif reparût dans sa vérité ! C'est fait ! Le voilà le vrai Juif ! Il a suffi qu'une plume osât se tremper dans le venin de ses œuvres : et cette plume a fait tache sur le manteau de pourpre dont il drapait et cachait sa honte ! Et cette tache a mordu ! Et cette morsure s'étend de plus en plus, jusqu'à dévorer tout voile complaisant et menteur, jusqu'à mettre à nu le Juif !

Et maintenant, de deux choses l'une. Le portrait si énergiquement brossé à la boue, par M. E. Drumont, est ressemblant ou non.

Si non : qu'on le prouve !

Si oui : la situation est nette et peut se définir d'un mot : *l'étranger dévaste la France et règne sur la France, avec l'appui de quelques Judas !*

Rappelons-nous, en effet, tout ce qui a été dit au cours de cette étude ; ou plutôt, résumons-le rapidement, afin que notre mémoire n'ait pas à faire de retour en arrière, pour embrasser, dans leur ensemble, toutes les considérations d'où découlera notre conclusion pratique.

Le Juif c'est l'étranger : lui-même s'affirme tel, en répétant sans cesse, dans ses Revues et ses journaux, qu'Israël n'est pas une Religion, mais un peuple au milieu des autres peuples, mais une race qui ne vit que pour la guerre, l'invasion, la conquête, la domination universelles.

C'est un étranger dévastateur : puisque, pour atteindre au but de son ambition, il ruine notre vie matérielle et morale. Par ses spéculations véreuses, il met en coupe réglée notre fortune française. Il attaque, il avilit, il détruit, autant qu'il peut, tout ce qui fait notre honneur national. Il fait prévaloir, dans les lois, dans la pratique gouvernementale, dans les mœurs publiques, dans les habitudes sociales, l'iniquité sur la justice, le vol sur la probité, toutes les passions sordides et rapaces — de tradition juive, sur les sentiments généreux et chevaleresques — de tradition française, l'or maudit sur l'honneur.

Cet étranger règne sur la France : car c'est une véritable conquête, un véritable despotisme que nous venons de retracer, d'après M. E. Drumont.

Et cet étranger ne peut régner ainsi qu'avec l'appui de queques Judas, dont les trahisons lui livrent la France. Les vendus de la Presse reçoivent son mot d'ordre, pour le transmettre aux vendus du Pouvoir qui ne savent qu'obéir. Et tout est sacrifié à sa cupidité, à ses haines :

Clergé, Magistrature, Armée, Industrie et Commerce, fortune du riche et épargne du travailleur. Ses instruments ne sont plus, entre ses mains et à son profit, que des *ministres de la destruction publique* :... *Gouvernement de brigands,* a dit une femme indignée ; *gouvernement, valet de brigands*, dirons-nous pour être plus exact.

Un peuple conquis déloyalement et par trahison ; un peuple dont la conquête s'achève et se consomme tous les jours, déloyalement et par trahison ; un peuple dont les chefs rampent aux pieds du vil conquérant, le servent en traîtres, ou l'adulent en courtisans, pendant qu'il écrase et qu'il pressure la masse des autres vaincus : voilà ce que nous sommes aux yeux des autres nations ! Ce qui apparaît de nous au dehors, tient en trois mots : *Ruine, trahison, conquête !*

Oh ! certes c'est à n'y pas croire !..... On voudrait douter !... Impossible !... La *France juive* n'articule tant de faits terribles, qu'en les accompagnant de leurs documents et de leurs preuves. Tout au plus, relèverait-on, sur tel ou tel détail, quelque déduction un peu forcée, mais l'ensemble de la situation apparaît dans une aveuglante et implacable lumière !...

Il se trouve d'ailleurs que, sur ce point capital, ces révélations de la *France juive* sont confirmées par le plus grave des témoignages.

A côté du livre passionné de M. E. Drumont, où se trahit surtout une juste animosité contre le Juif, un livre a paru, dans lequel, au contraire, le Juif est aimé d'un double amour fraternel.

M. l'abbé J. Lemann, l'auteur de l'*Entrée des Israëlites dans la Société française et dans les Etats chrétiens,* est un Israélite converti au Catholicisme, puis devenu prêtre, qui ne voit pas seulement dans le Juif un frère en Dieu, mais encore un frère de la même patrie.

Or, non seulement il constate les mêmes faits que M. E. Drumont, en disant : « Deux phénomènes gigantesques sont devant tous les yeux : la prépondérance de la race juive et la crise attristante des Etats chrétiens » ; mais, de plus, il montre, professés et suivis en pratique par les Juifs, les mêmes principes de conduite que dénonce M. E. Drumont, comme la cause des faits constatés. Il écrit, en effet, que les Juifs sont une *nation à part ;* qu'ils entrèrent dans la Société française « comme une *nation armée et hostile* dans une *nation désarmée et confiante.* »

Il nous faut donc le reconnaître avec une certitude de plus, la situation est bien telle que la montre M. E. Drumont. Mais alors c'est trop peu, de dire que la *France juive* doit déterminer, parmi nous, un mouvement de pudeur patriotique qui retire au Juif, ennemi de la France, l'appui et l'amitié des Français.

De si graves révélations ne sont pas seulement pour causer à quelques-uns, parmi nous, une honte salutaire, et les amener à refuser désormais leur alliance au Juif démasqué ; elles sont pour nous frapper tous d'une trop juste frayeur, et nous soulever en masse contre un ennemi national, dans une coalition nationale.

Il y a quinze ans, quand le Prussien envahissait et dévastait la France, la masse des Français se leva sans murmure et sans plainte, digne et fière dans son malheur, prête à tous les sacrifices d'or et de sang, d'autant plus méritoires qu'on les sentait d'avance inutiles,... pour la Patrie !

On n'eut pas le cynisme de se faire ouvertement allié de l'ennemi, et traître à la France.

Au lieu de s'abaisser à organiser, à orner les fêtes, par lesquelles le Prussien aurait voulu célébrer sa douloureuse victoire, au lieu d'aller danser et conduire les cotillons prussiens sur les ruines de la patrie, on se souvint des vertus antiques, on alla mourir héroïquement à Patay, à Loigny, au plateau d'Auvours, pour la patrie !

Pour la Patrie ! Eh bien, c'est encore cet appel qui vient de retentir : la *France juive* nous le jette pressant, éploré.

L'étranger, aujourd'hui, l'envahisseur triomphant, c'est le Juif ! le Juif qui ne fait la guerre qu'en brigand, tandis que le Prussien nous combattait du moins en soldat ; le Juif, aussi funeste que le Prussien, et qui devrait être, comme le Prussien, traité en ennemi par tous les Français ; le Juif, qui célèbre insolemment sa victoire, qui insulte par ses joies, son luxe, son orgueil, aux ruines qu'il fait ! Comment trouve-t-il donc des Français qui veulent être de ses fêtes triomphales, comment trouve-t-il parmi nous tant de complicité, de connivence, d'indulgence ?

Relativement à ce fait de la conquête juive, les Français se divisent en trois groupes bien distincts : les complices, les militants, les neutres !

Les complices ne peuvent plus maintenant ignorer ce qu'ils font, ce qu'ils devraient faire. Pour notre honneur, ils ne sont pas le nombre ; pour notre malheur, ils sont la puissance.

Les militants sont les Catholiques. Non pas qu'ils provoquent l'ennemi et engagent la lutte, — ce qui serait, d'ailleurs, au moins légitime en pareil cas — mais parce que le seul fait de leur présence, de leur existence, est un obstacle aux tendances juives ; parce que leur action salutaire, leur dévouement charitable à soulager toutes les misères, sont des ennemis nés de l'œuvre juive. Ils s'opposent au mal sans même s'occuper de lui : rien qu'en faisant le bien ! C'est un antagonisme nécessaire, naturel.

Mais le mal ne les trouve pas ainsi partout sur son chemin, comme des adversaires qu'on ne peut acheter, fléchir ni intimider, sans leur vouer une haine qui se traduit immédiatement en brutales et lâches hostilités. Habituellement, le Catholicisme ne prend même pas la peine de se défendre ; pour toute résistance au mal, pour toute vengeance, il continue à faire le bien ; c'est sa vie ! Il arrive pourtant qu'un de ses fidèles, moins endurant que les autres, relève le gant, accepte le combat ; et les agresseurs apprennent alors, par de terribles expériences, quels batailleurs seraient, avec leur solidité à l'épreuve de toute séduction, de toute crainte humaines, ceux qui se résignent, le plus souvent, à n'être que des victimes. Encore, n'est-ce pas contre ceux qui les attaquent seulement comme fidèles de Jésus-Christ, que les Catholiques en viennent à se départir ainsi de leur patience habituelle. Leur divin Maître, qui s'est laissé crucifier sans résistance, n'aime ni ne permet qu'on emploie la violence, même contre la violence, au service de sa cause. Mais il faut à la défense de la Patrie d'autres armes qu'à la défense de la Religion. C'est pourquoi les Catholiques, au lieu de désavouer la *France juive*, en acceptent résolûment les conclusions belliqueuses.

Nous l'avons surabondamment prouvé, en effet, le salut de la France est en jeu, autant que nos intérêts catholiques, dans la question qui nous occupe. Les révélations de la *France juive* nous le montrent dans une nouvelle et saisissante lumière : les agissements de nos ennemis aboutiraient à une catastrophe nationale ; nous sommes à notre patrie le rempart suprême contre les maux qui la menacent ; plus cruellement atteints que les autres Français, par l'action juive, nous souffrons persécution pour la France en même temps que pour Jésus-Christ. C'est une raison de plus, pour nous, de nous défendre avec une résolution indomptable, par tous les moyens possibles, contre des attentats toujours renouvelés, qui n'empêchent l'action du bien, qu'en donnant par contre, au mal, puissance et liberté.

Les Catholiques seront donc plus que jamais des militants, telle est la conclusion que dégage pour eux la *France juive.*

Et ils doivent savoir qu'ils ne peuvent lutter plus efficacement contre le Juif, qu'en devenant toujours meilleurs Chrétiens.

Ils doivent savoir que des militants sont tout d'abord tenus, à s'interdire tout ce qui peut matériellement ou moralement fortifier l'ennemi !

Et quand ils voient le Juif, d'autant plus heureux qu'il prévaut davantage contre Jésus-Christ et les siens, continuer autant qu'il peut la haine et le crime du Calvaire ; célébrer dans le luxe et la joie le succès de sa guerre antichrétienne ; insulter, par ses fêtes triomphales, à la croix où Jésus-Christ souffre toujours par lui ; des Catholiques pourraient-ils aimer de pareilles fêtes ? Des Catholiques pourraient-ils se contenter de jeter, à la hâte et distraitement, un regard, une pensée à la croix de Jésus-Christ, en réservant les amitiés témoignées à loisir pour le Juif ennemi de Jésus-Christ ? Croiraient-ils que c'est là tout ce que demandent d'eux leurs devoirs d'amour, de piété, de reconnaissance ?

Avec des enseignements, la *France juive* apporte aux Catholiques militants une espérance. Elle devrait, en effet, nous rallier la foule des Français que nous avons nommés les neutres.

Les neutres sont le nombre. Ce sont tous les Français assez habiles et sages pour se mettre personnellement à l'abri des rapines juives, et trop peu soucieux des intérêts catholiques pour souffrir de la persécution juive. Ils constatent bien que, autour d'eux, beaucoup de leurs concitoyens sont dépouillés, appauvris, ruinés ; mais ils ne savent guère comment donner autre chose que de la compassion, à tous ces malheurs. Puis, ils se disent qu'il s'agit surtout d'une lutte entre Juifs et Chrétiens, et que leur indifférence en matière de religion les autorise à rester neutres.

La *France juive* vient de leur prouver que s'il n'y va pas encore de leurs intérêts personnels, il y va de tous les intérêts sociaux et patriotiques, dans la question juive. Ils ne peuvent donc plus s'en désintéresser.

Et, pourront-ils davantage hésiter dans le choix du parti qui mérite leur adhésion? L'œuvre du Juif est connue; l'action catholique n'a pas à se cacher, elle se produit au grand jour. Si l'on veut établir la comparaison, deux mots y suffisent.

Le Juif prend, il veut tout pour soi : c'est l'égoïsme!

Le Catholicisme donne et se donne : c'est la charité!

Partout où il sent la vie forte, riche, heureuse, le Juif s'abat, comme un oiseau de mort, pour repaître sa rapacité; et les peuples agonisent, dans ses serres crochues et impitoyables, dévorés, rongés jusqu'au dernier lambeau, épuisés jusqu'à la moelle.

Partout où il voit la maladie, la souffrance, la misère, le Catholicisme vient apporter son or, son dévouement, son amour. La douce comparaison de Jésus-Christ lui est applicable : comme la poule qui cache ses petits sous son aile, pour les mettre à l'abri du vautour, il voudrait mettre à l'abri de tout mal, dans le sein de sa charité, les individus et les peuples.

Où sont donc les Sœurs de charité des Juifs? Où donc leur saint Vincent de Paul?

Plus que jamais, dans notre temps, le Catholicisme donne et se donne, pour sauver ce qui reste à la France, d'âme et de vie; il fonde partout hôpitaux, écoles, asiles de toute sorte; ses bonnes œuvres se multiplient avec les attentats contre la société, avec les besoins de la société. Et, de son côté, le Juif prend et se gorge plus que jamais; il s'acharne sur le reste de fortune et de force que garde encore la France; ses maisons de banque, de jeu, de spéculations véreuses se multiplient partout... cavernes de voleurs, en face de nos sanctuaires de charité et de vertu !

Nous ne disons pas, comme on nous en accuse parfois, que tout mal vient du Juif ; mais il est trop certain qu'on ne rencontre jamais le Juif auprès d'une misère sociale, sans constater qu'il en est la cause, qu'il en profite.

Et si, par contre, tout bien ne vient pas du Catholicisme ici-bas, il est certain qu'on ne rencontre jamais le Catholicisme auprès d'une misère sociale, sans constater qu'il se dévoue à la soulager, à la guérir.

On peut défier, même les plus prévenus, de montrer une œuvre catholique ayant pour but le mal. Quelles sont les œuvres juives qui ont pour but le bien, le seul vrai bien, le bien universel, fait à tous sans distinction de personnes, de patrie, de croyances ?

Et l'on sait quel est le premier contraste qui résume, explique et produit tous les autres : Celui qui a le plus aimé l'humanité, Celui qui a passé ici-bas en faisant le bien, les Catholiques l'adorent et s'efforcent de l'imiter ; les Juifs l'ont haï, persécuté, crucifié,... et depuis dix-huit cents ans, ils sont toujours les Juifs.

Faut-il qu'on ait menti, faut-il qu'on ait calomnié cette Religion, toute de vertu, de charité, de dévouement, pour que des foules, pour que l'élite des intelligents même, soient aveuglés par d'injustes préjugés, au point de ne plus voir ce qui véritablement crève les yeux !

En général, on est surtout sensible à ces raisons sociales et patriotiques. Il est impossible pourtant, surtout quand on vient de revoir ce que sont, comparés les uns aux autres, les bourreaux et les victimes dans la persécution religieuse qui sévit parmi nous, il est impossible de ne pas en appeler, en faveur des Catholiques, aux sentiments purement humains de respect et d'amour pour tout ce qui est bon, beau, vénérable ; aux sentiments naturels de justice qu'on ne peut jamais, sans grave injure, dénier à personne. Nous n'avons pas le droit de croire, nous ne voulons pas sembler croire, qu'il faille se borner à voir de bons Français, dans ceux qui restent neutres entre le Juif et nous, et qu'il soit inutile de s'adresser à eux comme à de simples honnêtes gens.

Qu'ils se rappellent le beau vers du poète païen Térence :

Homo sum, et nihil humani a me alienum puto.

Ils sont hommes, et rien de ce qui est humain ne doit leur être étranger.

De fait, c'est leur principe, en toute question où la Religion n'est pas en cause. Au nom de ce principe, l'iniquité les indigne, le malheur les émeut, certaines inconvenances les révoltent toujours ; ils ne laisseront jamais, par exemple, insulter devant eux une femme. Pourquoi donc dépouilleraient-ils ces sentiments humains, quand les victimes de l'iniquité, du malheur, de la grossièreté, sont, par exemple, les femmes les plus dignes de respect et d'amour, nos Sœurs de charité ?

M. d'Orsay — ce type par excellence de l'homme, qui ne sait plus, à la vérité, estimer surnaturellement les choses surnaturelles, mais qui sait, du moins, ne jamais refuser sympathie et respect à tout ce qui est bon et vénérable — M. d'Orsay, entendant à une table d'hôte un officier parler mal de la sainte Vierge, lança son assiette au visage du grossier personnage, en disant : « Je ne permets jamais que devant moi on parle mal d'une femme ! » Et il se battit en duel... pour la sainte Vierge !...

Si M. d'Orsay avait su regarder autour de lui, combien d'autres occasions bien plus graves n'aurait-il pas trouvées, dans lesquelles l'homme se serait ainsi révolté en lui ! Et combien — sans se battre en duel... même pour la sainte Vierge, — qui devraient imiter souvent son élan d'honnête indignation !

Heureusement pour l'honneur de l'humanité, on a des raisons d'espérer que les bons sentiments sont moins rares qu'ils ne le paraissent.

Les Catholiques ne doivent pas croire qu'ils sont seuls, à ressentir vivement les injustices dont ils sont victimes.

M. E. Drumont rapporte que, devant lui, au moment de l'expulsion des religieux, M. A. Dumas blâmait énergiquement les Catholiques de ne pas se défendre plus vivement, et disait : « Les Catholiques sont des lâches ! »

On pourrait faire à ce reproche une facile réponse !

M. A. Dumas et ses confrères des lettres, se trouvent, tout comme nous, et même plus que nous, impuissants à se défendre efficacement contre la force publique, lorsque la censure se passe la fantaisie d'attenter à leurs droits les plus précieux, les plus inviolables, les plus sacrés comme ils disent. Sans parler des pièces de M. A. Dumas qui furent interdites autrefois, pourquoi donc, tout récemment, à propos de *Germinal*, se sont-ils bornés à des protestations verbales ? Il ne manque pourtant pas à Paris de théâtres non subventionnés, où ils auraient dû se réunir en masse, convoquer la foule, donner *Germinal* malgré la censure, et mettre le petit Goblet en demeure de les assiéger, de les forcer derrière leurs portes brisées, de les expulser, *manu militari,* comme de simples jésuites.

Mais nous avons cité M. A. Dumas, bien moins pour discuter sa parole, que pour l'en remercier.

S'il a dit si vivement que les Catholiques devaient se défendre par tous les moyens, n'est-ce pas en effet, qu'il juge, comme nous, inique, la persécution dont nous sommes victimes ? N'est-ce pas qu'au fond, par ses principes et ses sentiments d'honnêteté naturelle, il est avec nous contre le Juif et ses complices ? Et qui donc représente mieux que lui, la foule des Français que nous avons distingués, à la fois, des militants et des Judas, et qui devraient se rallier à nous contre l'ennemi de la France ?

L'intérêt capital de la *France juive* est précisément cette démonstration irrésistible, de l'obligation absolue, pour les neutres, d'entrer résolûment dans la mêlée !

Qu'ils y pensent ! au train dont vont les choses, dans cinquante ans nous serons... rien !...

Et en face de cette perspective, ils hésiteraient à s'unir aux Catholiques, pour des efforts suprêmes !...

A l'armée de la Loire, ce fut aussi à des Catholiques, aux zouaves de Charette, que l'honneur échut, plusieurs fois, de sauver les situations extrêmes. Et quel Français digne de ce nom n'aurait pas été heureux et fier de combattre avec eux, dans ces charges glorieuses où ils allaient, calmes et sublimes, mourir, pour assurer nos retraites, pour que du moins l'honneur de la patrie fût sauf ! Parce que les braves s'aiment toujours, pour leur ressemblance d'héroïsme, les meilleurs de nos soldats, les marins, se plaisaient près des zouaves de Charette, au campement et au combat. Il n'y eut, — dans deux villes de l'Ouest que nous pourrions nommer — pour les haïr, les outrager, les maltraiter, ces généreux qui s'étaient sacrifiés à la France, que des Français indignes qui avaient passé la guerre à hurler la *Marseillaise* dans les rues, en promenant loin des Prussiens leur bravade et leur lâcheté, et qui retrouvaient enfin un peu d'audace contre les meilleurs des Français.

Qu'arrive-t-il tous les jours ?... Les Catholiques se dévouent continuellement au salut de la société ; et ceux pour lesquels ils combattent ne leur rendent trop souvent qu'ingratitude et outrages.

N'importe, les Catholiques ne cesseront pas d'être les militants. Ils portent seuls le poids de la lutte ; mais ils ont la consolation de penser que la France, si elle succombe, aura du moins, grâce à eux, le droit de répéter : *Tout est perdu, fors l'honneur.*

Mais que tous les Français s'en souviennent aussi : un peuple qui s'abandonne lui-même, mérite qu'on dise au contraire de sa défaite : *Tout est perdu, surtout l'honneur !*

C'est le Juif qui se fait riche ; c'est nous qui le faisons roi ! roi de la France des lis, de la France glorieuse, chevaleresque, généreuse ; lui, le Juif si mal famé, le Juif sordide et rapace ; roi, avec une cour qu'il recrute dans notre noblesse française, aux traditions d'héroïsme et d'honneur, lui qui n'a que des traditions de crime et d'infamie, des traditions de Judas ; roi qui dispose avec une puissance absolue de notre force et de notre fortune nationale, sans que jusqu'ici les victimes de son odieuse tyrannie aient osé se défendre et se révolter ! Combien de temps lui ferons-nous donc cette royauté ?

On a parlé naguère de *Révolution du mépris !* C'est le mot qu'il faut répéter : c'est la Révolution du mépris qu'appellent l'indigne royauté du Juif, et les honteuses complicités qui la soutiennent.

Et, en dépit de leur puissance, le Juif et ses complices seraient, sinon vaincus, du moins fortement ébranlés, si tous les Français voulaient s'unir dans une coalition nationale, contre l'ennemi national.

Quand ils renouvellent leurs attentats contre la vie et la conscience de la France ; s'ils étaient toujours publiquement dénoncés, comme ils viennent de l'être par la *France juive;* si, toujours, l'opinion se soulevait contre eux dans une révolte d'indignation semblable à celle qui se produit actuellement ; si toutes les voix qui peuvent s'élever pour donner l'alarme à la nation, jetaient toujours le cri d'avertissement et l'appel au combat qui viennent de retentir ; si la foule ne se contentait pas d'écouter ce cri, en disant, comme elle fait présentement : « C'est vrai ! » mais si, logique avec elle-même, elle se décidait résolûment à l'attitude, à la conduite que lui imposent ses devoirs, ses sentiments patriotiques..... il en résulterait l'impossibilité, pour le Juif et ses complices, de tromper personne sur leurs œuvres. Ceux-ci ne trouveraient plus, en politique, en affaires, en relations, les connivences et les indulgences qui les fortifient. Ils seraient placés dans l'alternative rigoureuse, ou de devenir honorables, ou de vivre d'une vie publiquement et sans cesse déshonorée, ce qui devrait être, à la longue, insupportable, même à un Juif. — Ils se sentiraient, partout et toujours, atteints par le mépris universel, et mis au ban de toute société honnête et française. Il deviendrait, en effet, impossible à tout honnête homme et à tout Français, de se mettre ou de rester dans la nécessité de répondre à cette question : *Dis-moi qui tu hantes, je te dirai qui tu es?...* — Je hante le Juif !

On ne manquera pas de nous accuser d'excitation à la guerre civile, parce que ce sont des Français qui sont visés comme complices du Juif, par ces conclusions de la *France juive.*

La réponse est trop facile.

De ce chef, les seuls coupables sont les Français indignes, qui servent, contre leurs concitoyens, la haine du Juif, ses desseins néfastes, ses ambitions funestes ; ce ne sont pas les Français qui ne font que se défendre, et qui défendent, surtout encore, la France, contre ses plus dangereux ennemis.

La guerre civile, les Catholiques ne la déclarent pas, ils la subissent.

Et ce sont les Juifs qui la fomentent pour arriver à établir leur puissance sur nos ruines. Ils se souviennent trop bien, contre nous, de cette parole : « Toute maison divisée contre elle-même périra. »

Catholiques et Français, nous devrions être ensemble une famille de frères, sous la douce et salutaire maternité de cette religion chrétienne qui a fait notre France, et qui, seule jusqu'ici, a su nourrir en nous, forte, honorée, glorieuse, la vie qu'elle nous a donnée. La prospérité, l'union, l'amour fraternel devraient régner à notre foyer. Mais des intrus, animés de tous les mauvais desseins, sont venus jeter le trouble dans notre famille. Ils emploient toutes les séductions corruptrices, à recruter, parmi nous, des auxiliaires de leurs méfaits, de leurs attentats à notre fortune, à notre vie, à notre honneur, à nos consciences. Et l'on pourrait dire qu'il excite à la discorde fraternelle, celui qui vient, au contraire, dénoncer les fauteurs de cette discorde ; celui qui vient démasquer l'action antifrançaise du Juif ; celui qui vient dire la vérité en criant à ses frères abusés : « Mais regardez donc ce que sont ces intrus, ce qu'ils veulent, ce qu'ils font ! Voilà ceux dont vous devenez les valets ! Voilà les œuvres dans lesquelles vous trempez ! Regardez et jugez si c'est là ce que devait attendre de vous la Patrie ! C'est à la haine fraternelle, c'est à la guerre civile, que le Juif vous excite et vous emploie ! »

*
* *

Ce qui nous touche, bien plus que ce reproche si peu fondé d'excitation à la guerre civile, c'est la comparaison de notre conclusion avec celle de M. l'abbé Joseph Lemann, dans le livre dont nous avons parlé plus haut.

Nous devons nous en expliquer, car ce livre est d'une trop grave autorité, pour qu'il soit permis de ne pas se préoccuper d'un désaccord avec lui.

M. l'abbé Lemann nous fait une peinture émouvante de l'horrible oppression que subirent les Juifs en Europe et en France, jusqu'à leur récente émancipation. Il dit, avec une véritable effusion de gratitude et d'admiration, l'acte de charité de Louis XVI qui fit cesser en France cet état de choses, et établit les Juifs dans le droit commun. Il constate que, à peine émancipé, le Juif est le maître, que les Etats chrétiens descendent à mesure que le Juif monte. Il conclut enfin que la prospérité actuelle commence, pour Israël, l'ère de relèvement et de pardon prédite par ses prophètes.

Nous l'avons dit, les Juifs sont aimés par M. l'abbé Lemann, d'un double amour fraternel. Ils n'ont contre eux, dans le cœur de M. l'abbé Lemann, aucun sentiment passionné; ils n'ont contre eux que la justice. Ce qui fait l'intérêt profond de l'œuvre que nous venons d'analyser, c'est précisément ce combat de la justice contre l'amour et la piété, dans cette âme d'Israélite et de prêtre.

Eh bien, si M. l'abbé Lemann retrace, avec la compassion la plus émue, tous les maux subis par les Juifs pendant dix-huit siècles, il reconnaît, d'autre part, que ces maux étaient mérités. Dans un parallèle d'une saisissante éloquence, où l'on sent que la foi du chrétien, l'amour pour Jésus-Christ ne l'emportent sur les sentiments fraternels de l'Israélite, qu'au prix d'une lutte douloureuse, M. l'abbé Lemann met en regard des outrages et des mauvais traitements que prodiguèrent les Juifs au Sauveur, toutes les *institutions de mépris*, comme il dit lui-même, tous les opprobres, toutes les oppressions qui punirent, pendant dix-huit siècles, le déicide. Et, à chaque pas de cette navrante énumération, il se frappe la poitrine pour son peuple en murmurant : C'est juste !

Aussi, avec quels accents de joie, il dit enfin les nouvelles destinées des siens ! Il remercie Jésus-Christ de sa prière sublime pour ses bourreaux : « Pardonnez-leur, ils ne savent pas ce qu'ils font »; il remercie Louis XVI d'avoir été, si généreusement, le ministre des miséricordes divines à l'égard d'Israël. Il célèbre, avec une allégresse enthousiaste, la fin de l'expiation, le commencement de la régénération complète de son peuple. Pour lui, les temps sont finis, pendant lesquels la justice de Dieu devait faire peser, sur les Juifs, la rigueur de ses sévérités; pendant lesquels devait se réaliser, pour les Juifs, d'une façon terrible, leur fatal souhait : « Que son sang retombe sur nous et sur nos enfants! »

Chrétiens, nous devons tous, avec M. l'abbé Lemann, remercier Dieu d'avoir pardonné; féliciter Louis XVI d'avoir été le ministre du divin pardon.

Jamais nous n'aurions voulu finir cette étude, sans exprimer le désir chrétien de voir enfin la paix devenir possible, entre les Juifs et les autres peuples.

Nous avons ressenti la même compassion que M. l'abbé Lemann, au souvenir des maux inouïs par lesquels Israël expia son déicide. Et certes, rien n'est plus loin de notre pensée, que le désir de voir les Juifs retomber encore, pour les seuls crimes passés, sous le coup de la réprobation universelle.

Et de même, nous n'avons pas lu la *France juive*, nous n'avons pas analysé ses terribles révélations, et mis en lumière ses conclusions belliqueuses, sans déplorer la cruelle nécessité que nous subissons, de répondre par une guerre juste à d'injustes hostilités. Il en est certainement, parmi les Israélites, qui n'ont jamais trempé dans les œuvres de mal contre lesquelles nous nous révoltons; et maintes fois, nous nous sommes douloureusement émus de cette pensée, que des innocents auraient peut-être à souffrir, en même temps que les coupables, de la colère et de l'indignation légitimes provoquées par la *France juive*.

Aussi, n'est-ce pas contre les Juifs, contre les personnalités israélites, — nous tenons à le répéter — mais seulement contre l'action juive et son effet dans notre patrie et dans notre société, que doit se produire le mouvement national dont nous avons parlé.

Mais, en plaignant les victimes innocentes dont nous parlions tout à l'heure, ne pouvons-nous pas ajouter qu'elles n'auront jamais à souffrir d'iniquités commises par nous ; qu'elles ne peuvent avoir à souffrir que des crimes commis, partout et toujours, par leur nation ?

Mais pouvions-nous oublier que, à côté de cette minorité inoffensive, l'immense majorité des Juifs est injuste et sans pitié pour nous ? Pouvions-nous ne pas voir, que c'est la foule énorme des victimes du Juif qui mérite surtout compassion ? Quel mal ont donc fait au Juif les Catholiques, les Religieux, les Sœurs, les malades et les enfants, si cruellement atteints, par la haine juive, dans les droits et dans la vie de leurs âmes ? Quel mal ont donc fait au Juif tous les laborieux, les femmes, les mères, les vieillards, que l'égoïsme juif dépouille sans pitié, du fruit de longues années de travail, pour entretenir, en face de leurs souffrances, de leur navrante misère, son luxe et son bien-être ?

Eh bien, quand même, (on le sait sans qu'il soit besoin de le dire) la charité catholique ne manquera jamais aux Juifs malheureux, malades, persécutés. Jamais les Papes, les Evêques, les prêtres, les ordres religieux, les religieuses dévouées, ne failliront aux sentiments chrétiens qu'ils ont professés et pratiqués, à l'égard des Juifs, en toute occasion, partout.

Et de son côté, la France ne demanderait qu'à suivre ses inclinations, ses traditions d'instinctive générosité.

Mais quand M. l'abbé Lemann rappelle que les Souverains-Pontifes n'ont jamais persécuté les Juifs, et les ont au contraire toujours défendus ; quand il nous dit, dans une page émue et poétique, les ressemblances naturelles et historiques, tous les motifs de sympathie qu'il constate entre Israël et la France ; quand il conclut de tout cela que, dans les desseins de la miséricorde divine, la France et la Papauté sont appelées ensemble à la noble mission de finir les maux d'Israël; il sent bien lui-même qu'il n'a pas le droit de fonder ses magnifiques espérances, seulement sur notre générosité nationale, sur notre charité chrétienne ; il sent bien lui-même qu'Israël ne sera sauvé qu'à la condition de le mériter, de s'en rendre digne.

Lui-même ne croit possible, que par la conversion de son peuple à de meilleurs sentiments humains et religieux, le relèvement national qu'il attend et qu'il célèbre d'avance.

Et c'est malheureusement ce qui rend discutables ses espérances.

Loin de revenir, en effet, sur la haine qu'il voua naguère à Jésus-Christ et à sa mission, le Juif ne cesse pas de répéter, par son attitude et sa conduite hostiles, la parole terrible qui le condamne : « *Que son sang retombe sur nous et sur nos enfants !* »; il repousse l'effet de cette autre parole sublime et douce, qui appellerait enfin sur lui la clémence divine : « Mon Père, pardonnez-leur, car ils ne savent pas ce qu'ils font ! »

Et de même, le Juif reste trop fidèle, toujours, à ces traditions d'iniquité, de rapacité, de méchanceté, qui lui valurent partout, depuis dix-huit siècles, la réprobation publique. M. l'abbé Lemann l'a dit lui-même : « Le Juif est entré dans notre société chrétienne, il y a cent ans, comme une nation *armée et hostile* au milieu des nations désarmées et confiantes. »

Bref, les Juifs n'ont usé que pour le mal de la liberté dont ils jouissent depuis un siècle. Pas plus que la charité du Catholicisme, la générosité de la France ne les a touchés, et n'a déterminé, chez eux, le moindre mouvement de reconnaissance. L'émancipation décrétée par Louis XVI les a seulement rendus plus dangereux et plus funestes. A peine affranchis des entraves qui gênaient leurs instincts, ils se sont tournés tout de suite, haineux et jaloux, contre leurs bienfaiteurs, pour les faire repentir de leur générosité : tout comme une bête féroce, longtemps enchaînée, qui ne profiterait d'un moment de délivrance que pour se jeter, furieuse, sur son libérateur.

A ne tenir compte que des données humaines, il est donc trop certain que les Juifs ne deviennent pas dignes du pardon et du relèvement, désirés et chantés d'avance par leur frère converti. Mais il faut aussi reconnaître que la Providence a souvent des surprises qui déjouent toutes nos prévisions.

Savons-nous si le Juif n'est pas un fléau providentiel ; si nous ne commençons pas à expier, par notre abaissement et notre ruine, nos attentats publics contre Jésus-Christ ?

Mais la raison humaine ne peut se prononcer sur ces mystères des volontés divines.

Ce qu'elle voit, ce qu'elle est forcée de conclure, c'est que :

Le Juif, en se refusant à cesser la guerre, rend impossible toute pacification ; désarmer en face de lui serait abandonner la Patrie, sans défense, aux coups de son pire ennemi.

Le Juif reste indigne de l'estime et de la considération en se refusant à devenir honorable ; se commettre à ses vilenies serait déroger à toute noblesse, à toute honnêteté.

Ainsi donc, c'est le Juif qui se met lui-même au ban de toute société honnête et française.

Et certes, M. l'abbé Lemann vient bien opportunément adjurer ses coreligionnaires d'être « justes envers la France et le Catholicisme » ; la *France juive*, en effet, vient de leur prouver qu'ils pourraient bien n'être pas toujours impunément injustes.

En vain, le prophète Wolff avait vaticiné que le *Vernissage* et le *Salon* auraient bientôt fait d'enlever l'attention publique à la *France juive*. L'événement lui donne cruellement tort. Le *Vernissage* a passé, le *Salon* passe, et l'attention publique reste à la *France juive*. Tout le monde pense comme l'*Univers*, qui écrivait l'autre jour : « Voici un maître livre ! » Tout le monde répète : Il a bien fait ; il fallait enfin que cette protestation s'élevât ; que tout cela fût dénoncé, révélé, crié sur les toits !

Bref, tout le monde est avec la *France juive* contre le Juif.

M. A. Daudet, l'une des personnalités les plus en vue, comme talent et popularité, de cette France neutre qui reste trop indifférente dans la lutte actuelle, s'est déclaré pour M. E. Drumont contre le Juif, on sait avec quelle ardeur, disons le mot, avec quelle violence.

D'autre part, au nombre des visiteurs qui ont tenu à donner à M. E. Drumont les témoignages les plus significatifs de leur sympathie, ne citait-on pas il y a quelques jours, parmi d'autres députés de la Droite, M. le comte de Mun, l'une des personnalités qui représentent le mieux la France militante, dans ce qu'elle a de plus ferme à la fois et de plus modéré, de plus noble et de plus digne ?

Mis de côté le gouvernement de Judas qui nous livre corps et âme au Juif, toute la France se trouve donc réunie dans un même sentiment d'indignation et de révolte. Puisse cette union passer des sentiments aux actes !

« Si je ne réussis pas, dit M. E. Drumont dans sa dernière page, j'aurai du moins soulagé mon âme, — *liberavi animam meam*. » Et tout prouve que sa tentative est un soulagement pour la France entière, à qui pesait trop, à la fin, l'injuste domination, l'impudente insolence du Juif.

Tous disent avec la *France juive :* Que le Juif soit tant qu'il voudra fidèle à la loi de Moïse, mais qu'il ne soit plus le Juif, dans le sens honteux et funeste que tant de faits donnent trop justement à ce nom. Qu'il ne soit plus *ce* Juif auteur et fauteur de tous nos maux contre lequel vient d'être poussé un si terrible cri d'alarme;..... moins encore au nom de la Religion, nous l'avons suffisamment montré, qu'au nom de la Patrie.

TABLE

INTRODUCTION 5

I. — LA *FRANCE JUIVE* ET L'INTOLÉRANCE RELIGIEUSE : La *France juive* n'est pas intolérante. — La *France juive* dénonce et flétrit l'intolérance 6

II. — LA *FRANCE JUIVE* ET LA VÉRITÉ. — Réponse de M. Albert Wolff. — Réponse de M. Paul Meyer. — Quelles autres réponses? 14

III. — LA *FRANCE JUIVE* ET LE DROIT DE LA GUERRE. — Le droit des Catholiques à se défendre. — Quand les Catholiques se défendent ! 22

IV. — LA FRANCE NOBLE ET LA *FRANCE JUIVE* 25

V. — POUR LA PATRIE ! — La défense nationale. — La neutralité impossible. — Conclusion pratique — M. l'abbé Joseph Lemann, et les espérances, les devoirs, l'avenir des Juifs 31

Bar-le Duc. — Typ de l'ŒUVRE DE SAINT-PAUL, Schorderet et Ce — 1887.

www.ingramcontent.com/pod-product-compliance
Ingram Content Group UK Ltd.
Pitfield, Milton Keynes, MK11 3LW, UK
UKHW020349250726
13967UKWH00005B/2184